AF797297

HIGHPROXY
PUBLISHING

Financial pressure can way down on the minds of most. interesting enough it doesn't just affect the ones that are less fortunate but even the fortunate for lack of financial discipline. If you can think of more than one way to make money and actually execute them then you can overcome your financial struggles one dollar at a time. Break it down, day by day, step by step.

-Destiny C.

**Whats one big expense you could temporarily delay or downsize to reach your goals sooner ?**

# Whats one debt you could eliminate all at once right now ?

**Whats one belief you have about money that motivates you to want to go get it ?**

## What does wealth mean to you beyond money ?

# What legacy do you want your financial choices to build and leave behind ?

**Which financial decisions from the past would you approach differently now ?**

WEEK OF: ______________________

| MONDAY | TUESDAY | WEDNESDAY |
| --- | --- | --- |
| | | |

| THURSDAY | FRIDAY | SATURDAY |
| --- | --- | --- |
| | | |

| SUNDAY | NOTES |
| --- | --- |
| | |

WEEK OF: ______________________

| MONDAY | TUESDAY | WEDNESDAY |
| --- | --- | --- |
| | | |

| THURSDAY | FRIDAY | SATURDAY |
| --- | --- | --- |
| | | |

| SUNDAY | NOTES |
| --- | --- |
| | |

WEEK OF: ______________________________

| MONDAY | TUESDAY | WEDNESDAY |
| --- | --- | --- |
| | | |

| THURSDAY | FRIDAY | SATURDAY |
| --- | --- | --- |
| | | |

| SUNDAY | NOTES |
| --- | --- |
| | |

WEEK OF: ______________________

| MONDAY | TUESDAY | WEDNESDAY |
| --- | --- | --- |
| | | |

| THURSDAY | FRIDAY | SATURDAY |
| --- | --- | --- |
| | | |

| SUNDAY | NOTES |
| --- | --- |
| | |

# INVEST IN THINGS THAT GROW, LIKE YOURSELF.

WEEK OF: ____________________

| MONDAY | TUESDAY | WEDNESDAY |
| --- | --- | --- |
| | | |

| THURSDAY | FRIDAY | SATURDAY |
| --- | --- | --- |
| | | |

| SUNDAY | NOTES |
| --- | --- |
| | |

WEEK OF: ____________________

| MONDAY | TUESDAY | WEDNESDAY |
| --- | --- | --- |
| | | |

| THURSDAY | FRIDAY | SATURDAY |
| --- | --- | --- |
| | | |

| SUNDAY | NOTES |
| --- | --- |
| | |

WEEK OF: ____________________

| MONDAY | TUESDAY | WEDNESDAY |
| --- | --- | --- |
| | | |

| THURSDAY | FRIDAY | SATURDAY |
| --- | --- | --- |
| | | |

| SUNDAY | NOTES |
| --- | --- |
| | |

WEEK OF: ______________________________

| MONDAY | TUESDAY | WEDNESDAY |
|---|---|---|
| | | |

| THURSDAY | FRIDAY | SATURDAY |
|---|---|---|
| | | |

| SUNDAY | NOTES |
|---|---|
| | |

PLANNING CAN HELP LIFT THE HEAVY BURDEN OF DEBT.

WEEK OF: ______________________

| MONDAY | TUESDAY | WEDNESDAY |
| --- | --- | --- |
| | | |

| THURSDAY | FRIDAY | SATURDAY |
| --- | --- | --- |
| | | |

| SUNDAY | NOTES |
| --- | --- |
| | |

WEEK OF: ____________________

| MONDAY | TUESDAY | WEDNESDAY |
|---|---|---|
| | | |

| THURSDAY | FRIDAY | SATURDAY |
|---|---|---|
| | | |

| SUNDAY | NOTES |
|---|---|
| | |

WEEK OF: ______________________

| MONDAY | TUESDAY | WEDNESDAY |
|---|---|---|
| | | |

| THURSDAY | FRIDAY | SATURDAY |
|---|---|---|
| | | |

| SUNDAY | NOTES |
|---|---|
| | |

WEEK OF: ____________________

| MONDAY | TUESDAY | WEDNESDAY |
| --- | --- | --- |
| | | |

| THURSDAY | FRIDAY | SATURDAY |
| --- | --- | --- |
| | | |

| SUNDAY | NOTES |
| --- | --- |
| | |

# THE ACT OF ELIMINATING DEBT, IS AN ACT OF FINANCIAL REBELLION.

WEEK OF: ______________________________

| MONDAY | TUESDAY | WEDNESDAY |
| --- | --- | --- |
| | | |

| THURSDAY | FRIDAY | SATURDAY |
| --- | --- | --- |
| | | |

| SUNDAY | NOTES |
| --- | --- |
| | |

WEEK OF: ______________________________

| MONDAY | TUESDAY | WEDNESDAY |
| --- | --- | --- |
| | | |

| THURSDAY | FRIDAY | SATURDAY |
| --- | --- | --- |
| | | |

| SUNDAY | NOTES |
| --- | --- |
| | |

WEEK OF: ____________________

| MONDAY | TUESDAY | WEDNESDAY |
|---|---|---|
| | | |

| THURSDAY | FRIDAY | SATURDAY |
|---|---|---|
| | | |

| SUNDAY | NOTES |
|---|---|
| | |

WEEK OF: ____________________

| MONDAY | TUESDAY | WEDNESDAY |
|---|---|---|
| | | |

| THURSDAY | FRIDAY | SATURDAY |
|---|---|---|
| | | |

| SUNDAY | NOTES |
|---|---|
| | |

# MAKE SURE YOUR PLAN IS LOUDER THAN YOUR DEBT.

WEEK OF: ______________________

| MONDAY | TUESDAY | WEDNESDAY |
| --- | --- | --- |
| | | |

| THURSDAY | FRIDAY | SATURDAY |
| --- | --- | --- |
| | | |

| SUNDAY | NOTES |
| --- | --- |
| | |

WEEK OF: ______________________________

| MONDAY | TUESDAY | WEDNESDAY |
|---|---|---|
| | | |

| THURSDAY | FRIDAY | SATURDAY |
|---|---|---|
| | | |

| SUNDAY | NOTES |
|---|---|
| | |

WEEK OF: ______________________________

| MONDAY | TUESDAY | WEDNESDAY |
| --- | --- | --- |
| | | |

| THURSDAY | FRIDAY | SATURDAY |
| --- | --- | --- |
| | | |

| SUNDAY | NOTES |
| --- | --- |
| | |

WEEK OF: ______________________

| MONDAY | TUESDAY | WEDNESDAY |
| --- | --- | --- |
| | | |

| THURSDAY | FRIDAY | SATURDAY |
| --- | --- | --- |
| | | |

| SUNDAY | NOTES |
| --- | --- |
| | |

# FINANCIAL FREEDOM STARTS WITH PLANNING.

WEEK OF: ______________________________

| MONDAY | TUESDAY | WEDNESDAY |
|---|---|---|
| | | |

| THURSDAY | FRIDAY | SATURDAY |
|---|---|---|
| | | |

| SUNDAY | NOTES |
|---|---|
| | |

WEEK OF: ______________________________

| MONDAY | TUESDAY | WEDNESDAY |
| --- | --- | --- |
| | | |

| THURSDAY | FRIDAY | SATURDAY |
| --- | --- | --- |
| | | |

| SUNDAY | NOTES |
| --- | --- |
| | |

WEEK OF: ______________________

| MONDAY | TUESDAY | WEDNESDAY |
| --- | --- | --- |
| | | |

| THURSDAY | FRIDAY | SATURDAY |
| --- | --- | --- |
| | | |

| SUNDAY | NOTES |
| --- | --- |
| | |

WEEK OF: ______________________

| MONDAY | TUESDAY | WEDNESDAY |
| --- | --- | --- |
| | | |

| THURSDAY | FRIDAY | SATURDAY |
| --- | --- | --- |
| | | |

| SUNDAY | NOTES |
| --- | --- |
| | |

# FREE YOUR FINACES, FREE YOUR FOCUS.

WEEK OF: ______________________

| MONDAY | TUESDAY | WEDNESDAY |
| --- | --- | --- |
| | | |

| THURSDAY | FRIDAY | SATURDAY |
| --- | --- | --- |
| | | |

| SUNDAY | NOTES |
| --- | --- |
| | |

WEEK OF: ______________________

| MONDAY | TUESDAY | WEDNESDAY |
|---|---|---|
| | | |

| THURSDAY | FRIDAY | SATURDAY |
|---|---|---|
| | | |

| SUNDAY | NOTES |
|---|---|
| | |

WEEK OF: ______________________

| MONDAY | TUESDAY | WEDNESDAY |
| --- | --- | --- |
| | | |

| THURSDAY | FRIDAY | SATURDAY |
| --- | --- | --- |
| | | |

| SUNDAY | NOTES |
| --- | --- |
| | |

WEEK OF: ______________________________

| MONDAY | TUESDAY | WEDNESDAY |
| --- | --- | --- |
| | | |

| THURSDAY | FRIDAY | SATURDAY |
| --- | --- | --- |
| | | |

| SUNDAY | NOTES |
| --- | --- |
| | |

# MONEY CIRCULATES BEST WHEN IT HAS A MISSION.

WEEK OF: ____________________

| MONDAY | TUESDAY | WEDNESDAY |
|---|---|---|
| | | |

| THURSDAY | FRIDAY | SATURDAY |
|---|---|---|
| | | |

| SUNDAY | NOTES |
|---|---|
| | |

WEEK OF: ____________________

| MONDAY | TUESDAY | WEDNESDAY |
| --- | --- | --- |
| | | |

| THURSDAY | FRIDAY | SATURDAY |
| --- | --- | --- |
| | | |

| SUNDAY | NOTES |
| --- | --- |
| | |

WEEK OF: ______________________________

| MONDAY | TUESDAY | WEDNESDAY |
| --- | --- | --- |
| | | |

| THURSDAY | FRIDAY | SATURDAY |
| --- | --- | --- |
| | | |

| SUNDAY | NOTES |
| --- | --- |
| | |

WEEK OF: ______________________

| MONDAY | TUESDAY | WEDNESDAY |
|---|---|---|
| | | |

| THURSDAY | FRIDAY | SATURDAY |
|---|---|---|
| | | |

| SUNDAY | NOTES |
|---|---|
| | |

# EVERY PAYCHECK HAS THE POTENTIAL TO SUPPORT YOUR PURPOSE.

WEEK OF: ______________________

| MONDAY | TUESDAY | WEDNESDAY |
|---|---|---|
| | | |

| THURSDAY | FRIDAY | SATURDAY |
|---|---|---|
| | | |

| SUNDAY | NOTES |
|---|---|
| | |

WEEK OF: ______________________

| MONDAY | TUESDAY | WEDNESDAY |
|---|---|---|
| | | |

| THURSDAY | FRIDAY | SATURDAY |
|---|---|---|
| | | |

| SUNDAY | NOTES |
|---|---|
| | |

WEEK OF: ______________________

| MONDAY | TUESDAY | WEDNESDAY |
|---|---|---|
| | | |

| THURSDAY | FRIDAY | SATURDAY |
|---|---|---|
| | | |

| SUNDAY | NOTES |
|---|---|
| | |

WEEK OF: ____________________

| MONDAY | TUESDAY | WEDNESDAY |
| --- | --- | --- |
| | | |

| THURSDAY | FRIDAY | SATURDAY |
| --- | --- | --- |
| | | |

| SUNDAY | NOTES |
| --- | --- |
| | |

# PLANS CREATE OPTIONS.

WEEK OF: ______________________

| MONDAY | TUESDAY | WEDNESDAY |
| --- | --- | --- |
| | | |

| THURSDAY | FRIDAY | SATURDAY |
| --- | --- | --- |
| | | |

| SUNDAY | NOTES |
| --- | --- |
| | |

WEEK OF: ______________________________

| MONDAY | TUESDAY | WEDNESDAY |
| --- | --- | --- |
| | | |

| THURSDAY | FRIDAY | SATURDAY |
| --- | --- | --- |
| | | |

| SUNDAY | NOTES |
| --- | --- |
| | |

WEEK OF: ______________________

| MONDAY | TUESDAY | WEDNESDAY |
| --- | --- | --- |
| | | |

| THURSDAY | FRIDAY | SATURDAY |
| --- | --- | --- |
| | | |

| SUNDAY | NOTES |
| --- | --- |
| | |

WEEK OF: ______________________

| MONDAY | TUESDAY | WEDNESDAY |
| --- | --- | --- |
| | | |

| THURSDAY | FRIDAY | SATURDAY |
| --- | --- | --- |
| | | |

| SUNDAY | NOTES |
| --- | --- |
| | |

# BUDGETING IS A LOVE LETTER TO YOUR FINANCIAL SELF.

WEEK OF: ______________________

| MONDAY | TUESDAY | WEDNESDAY |
| --- | --- | --- |
| | | |

| THURSDAY | FRIDAY | SATURDAY |
| --- | --- | --- |
| | | |

| SUNDAY | NOTES |
| --- | --- |
| | |

WEEK OF: ______________________

MONDAY

TUESDAY

WEDNESDAY

THURSDAY

FRIDAY

SATURDAY

SUNDAY

NOTES

WEEK OF: ______________________________

| MONDAY | TUESDAY | WEDNESDAY |
|---|---|---|
| | | |

| THURSDAY | FRIDAY | SATURDAY |
|---|---|---|
| | | |

| SUNDAY | NOTES |
|---|---|
| | |

WEEK OF: ______________________

| MONDAY | TUESDAY | WEDNESDAY |
| --- | --- | --- |
| | | |

| THURSDAY | FRIDAY | SATURDAY |
| --- | --- | --- |
| | | |

| SUNDAY | NOTES |
| --- | --- |
| | |

# FINANCIAL

# REDEMPTION

# IS A DAILY CHOICE.

WEEK OF: ______________________

| MONDAY | TUESDAY | WEDNESDAY |
| --- | --- | --- |
| | | |

| THURSDAY | FRIDAY | SATURDAY |
| --- | --- | --- |
| | | |

| SUNDAY | NOTES |
| --- | --- |
| | |

WEEK OF: ______________________

| MONDAY | TUESDAY | WEDNESDAY |
|---|---|---|
| | | |

| THURSDAY | FRIDAY | SATURDAY |
|---|---|---|
| | | |

| SUNDAY | NOTES |
|---|---|
| | |

WEEK OF: ____________________

| MONDAY | TUESDAY | WEDNESDAY |
| --- | --- | --- |
| | | |

| THURSDAY | FRIDAY | SATURDAY |
| --- | --- | --- |
| | | |

| SUNDAY | NOTES |
| --- | --- |
| | |

WEEK OF: ____________________

| MONDAY | TUESDAY | WEDNESDAY |
| --- | --- | --- |
| | | |

| THURSDAY | FRIDAY | SATURDAY |
| --- | --- | --- |
| | | |

| SUNDAY | NOTES |
| --- | --- |
| | |

FINANCIAL PLANNING GIVES POWER TO THE PAYOFF.

WEEK OF: ______________________________

| MONDAY | TUESDAY | WEDNESDAY |
|---|---|---|
| | | |

| THURSDAY | FRIDAY | SATURDAY |
|---|---|---|
| | | |

| SUNDAY | NOTES |
|---|---|
| | |

WEEK OF: ______________________

| MONDAY | TUESDAY | WEDNESDAY |
| --- | --- | --- |
| | | |

| THURSDAY | FRIDAY | SATURDAY |
| --- | --- | --- |
| | | |

| SUNDAY | NOTES |
| --- | --- |
| | |

WEEK OF: ____________________

| MONDAY | TUESDAY | WEDNESDAY |
|---|---|---|
| | | |

| THURSDAY | FRIDAY | SATURDAY |
|---|---|---|
| | | |

| SUNDAY | NOTES |
|---|---|
| | |

WEEK OF: ______________________________

| MONDAY | TUESDAY | WEDNESDAY |
|---|---|---|
| | | |

| THURSDAY | FRIDAY | SATURDAY |
|---|---|---|
| | | |

| SUNDAY | NOTES |
|---|---|
| | |

# DEBT LOSES ITS GRIP WHEN YOU FACE IT.

WEEK OF: ____________________

| MONDAY | TUESDAY | WEDNESDAY |
| --- | --- | --- |
| | | |

| THURSDAY | FRIDAY | SATURDAY |
| --- | --- | --- |
| | | |

| SUNDAY | NOTES |
| --- | --- |
| | |

WEEK OF: ______________________________

| MONDAY | TUESDAY | WEDNESDAY |
|---|---|---|
| | | |

| THURSDAY | FRIDAY | SATURDAY |
|---|---|---|
| | | |

| SUNDAY | NOTES |
|---|---|
| | |

WEEK OF: ______________________

| MONDAY | TUESDAY | WEDNESDAY |
| --- | --- | --- |
| | | |

| THURSDAY | FRIDAY | SATURDAY |
| --- | --- | --- |
| | | |

| SUNDAY | NOTES |
| --- | --- |
| | |

WEEK OF: ______________________

| MONDAY | TUESDAY | WEDNESDAY |
| --- | --- | --- |
| | | |

| THURSDAY | FRIDAY | SATURDAY |
| --- | --- | --- |
| | | |

| SUNDAY | NOTES |
| --- | --- |
| | |

# SAVE FOR THE LIFESTYLE YOU HAVENT LIVED YET.

WEEK OF: ______________________________

| MONDAY | TUESDAY | WEDNESDAY |
|---|---|---|
| | | |

| THURSDAY | FRIDAY | SATURDAY |
|---|---|---|
| | | |

| SUNDAY | NOTES |
|---|---|
| | |

WEEK OF: ______________________

| MONDAY | TUESDAY | WEDNESDAY |
| --- | --- | --- |
| | | |

| THURSDAY | FRIDAY | SATURDAY |
| --- | --- | --- |
| | | |

| SUNDAY | NOTES |
| --- | --- |
| | |

WEEK OF: ______________________________

| MONDAY | TUESDAY | WEDNESDAY |
| --- | --- | --- |
| | | |

| THURSDAY | FRIDAY | SATURDAY |
| --- | --- | --- |
| | | |

| SUNDAY | NOTES |
| --- | --- |
| | |

WEEK OF: ___________________________

| MONDAY | TUESDAY | WEDNESDAY |
| --- | --- | --- |
| | | |

| THURSDAY | FRIDAY | SATURDAY |
| --- | --- | --- |
| | | |

| SUNDAY | NOTES |
| --- | --- |
| | |

**KEEP IN MIND, YOU'RE WORKING FOR A CHOICE, NOT JUST A CHECK.**

WEEK OF: ______________________________

| MONDAY | TUESDAY | WEDNESDAY |
| --- | --- | --- |
| | | |

| THURSDAY | FRIDAY | SATURDAY |
| --- | --- | --- |
| | | |

| SUNDAY | NOTES |
| --- | --- |
| | |

WEEK OF: ______________________________

| MONDAY | TUESDAY | WEDNESDAY |
|---|---|---|
| | | |

| THURSDAY | FRIDAY | SATURDAY |
|---|---|---|
| | | |

| SUNDAY | NOTES |
|---|---|
| | |

WEEK OF: ______________________

| MONDAY | TUESDAY | WEDNESDAY |
|---|---|---|
| | | |

| THURSDAY | FRIDAY | SATURDAY |
|---|---|---|
| | | |

| SUNDAY | NOTES |
|---|---|
| | |

WEEK OF: ______________________

| MONDAY | TUESDAY | WEDNESDAY |
| --- | --- | --- |
| | | |

| THURSDAY | FRIDAY | SATURDAY |
| --- | --- | --- |
| | | |

| SUNDAY | NOTES |
| --- | --- |
| | |

# THE WAY YOU PLAN IS THE WAY YOU PROSPER.

WEEK OF: ______________________________

| MONDAY | TUESDAY | WEDNESDAY |
| --- | --- | --- |
| | | |

| THURSDAY | FRIDAY | SATURDAY |
| --- | --- | --- |
| | | |

| SUNDAY | NOTES |
| --- | --- |
| | |

WEEK OF: ______________________

| MONDAY | TUESDAY | WEDNESDAY |
| --- | --- | --- |
| | | |

| THURSDAY | FRIDAY | SATURDAY |
| --- | --- | --- |
| | | |

| SUNDAY | NOTES |
| --- | --- |
| | |

WEEK OF: ______________________________

| MONDAY | TUESDAY | WEDNESDAY |
| --- | --- | --- |
| | | |

| THURSDAY | FRIDAY | SATURDAY |
| --- | --- | --- |
| | | |

| SUNDAY | NOTES |
| --- | --- |
| | |

WEEK OF: ____________________

| MONDAY | TUESDAY | WEDNESDAY |
| --- | --- | --- |
| | | |

| THURSDAY | FRIDAY | SATURDAY |
| --- | --- | --- |
| | | |

| SUNDAY | NOTES |
| --- | --- |
| | |

# PEACE OF MIND IS THE MOST UNDERRATED RETURN ON INVESTMENT.

WEEK OF: ____________________

| MONDAY | TUESDAY | WEDNESDAY |
| --- | --- | --- |
| | | |

| THURSDAY | FRIDAY | SATURDAY |
| --- | --- | --- |
| | | |

| SUNDAY | NOTES |
| --- | --- |
| | |

WEEK OF: ______________________________

| MONDAY | TUESDAY | WEDNESDAY |
|---|---|---|
| | | |

| THURSDAY | FRIDAY | SATURDAY |
|---|---|---|
| | | |

| SUNDAY | NOTES |
|---|---|
| | |

WEEK OF: ______________________

| MONDAY | TUESDAY | WEDNESDAY |
| --- | --- | --- |
| | | |

| THURSDAY | FRIDAY | SATURDAY |
| --- | --- | --- |
| | | |

| SUNDAY | NOTES |
| --- | --- |
| | |

WEEK OF: ______________________

| MONDAY | TUESDAY | WEDNESDAY |
| --- | --- | --- |
| | | |

| THURSDAY | FRIDAY | SATURDAY |
| --- | --- | --- |
| | | |

| SUNDAY | NOTES |
| --- | --- |
| | |

# PLANT YOUR FUNDS IN VISION, NOT VANITY.

WEEK OF: ____________________

| MONDAY | TUESDAY | WEDNESDAY |
| --- | --- | --- |
| | | |

| THURSDAY | FRIDAY | SATURDAY |
| --- | --- | --- |
| | | |

| SUNDAY | NOTES |
| --- | --- |
| | |

WEEK OF: ______________________________

| MONDAY | TUESDAY | WEDNESDAY |
| --- | --- | --- |
| | | |

| THURSDAY | FRIDAY | SATURDAY |
| --- | --- | --- |
| | | |

| SUNDAY | NOTES |
| --- | --- |
| | |

WEEK OF: ____________________

| MONDAY | TUESDAY | WEDNESDAY |
|---|---|---|
| | | |

| THURSDAY | FRIDAY | SATURDAY |
|---|---|---|
| | | |

| SUNDAY | NOTES |
|---|---|
| | |

WEEK OF: ______________________

| MONDAY | TUESDAY | WEDNESDAY |
| --- | --- | --- |
| | | |

| THURSDAY | FRIDAY | SATURDAY |
| --- | --- | --- |
| | | |

| SUNDAY | NOTES |
| --- | --- |
| | |

# A SOLID PLAN PAYS DOWN THE PAST, SECURES THE PRESENT, AND BUILDS WEALTH FOR THE FUTURE.

WEEK OF: ______________________________

| MONDAY | TUESDAY | WEDNESDAY |
| --- | --- | --- |
| | | |

| THURSDAY | FRIDAY | SATURDAY |
| --- | --- | --- |
| | | |

| SUNDAY | NOTES |
| --- | --- |
| | |

WEEK OF: ______________________

| MONDAY | TUESDAY | WEDNESDAY |
| --- | --- | --- |
| | | |

| THURSDAY | FRIDAY | SATURDAY |
| --- | --- | --- |
| | | |

| SUNDAY | NOTES |
| --- | --- |
| | |

WEEK OF: ______________________

| MONDAY | TUESDAY | WEDNESDAY |
| --- | --- | --- |
| | | |

| THURSDAY | FRIDAY | SATURDAY |
| --- | --- | --- |
| | | |

| SUNDAY | NOTES |
| --- | --- |
| | |

WEEK OF: ______________________

| MONDAY | TUESDAY | WEDNESDAY |
| --- | --- | --- |
| | | |

| THURSDAY | FRIDAY | SATURDAY |
| --- | --- | --- |
| | | |

| SUNDAY | NOTES |
| --- | --- |
| | |

# THE SAME PLAN THAT CLEARS DEBT SHOULD INCLUDE CREATING WEALTH.

WEEK OF: ______________________________

| MONDAY | TUESDAY | WEDNESDAY |
| --- | --- | --- |
| | | |

| THURSDAY | FRIDAY | SATURDAY |
| --- | --- | --- |
| | | |

| SUNDAY | NOTES |
| --- | --- |
| | |

WEEK OF: ______________________

| MONDAY | TUESDAY | WEDNESDAY |
| --- | --- | --- |
| | | |

| THURSDAY | FRIDAY | SATURDAY |
| --- | --- | --- |
| | | |

| SUNDAY | NOTES |
| --- | --- |
| | |

WEEK OF: ____________________

| MONDAY | TUESDAY | WEDNESDAY |
|---|---|---|
| | | |

| THURSDAY | FRIDAY | SATURDAY |
|---|---|---|
| | | |

| SUNDAY | NOTES |
|---|---|
| | |

WEEK OF: ____________________

| MONDAY | TUESDAY | WEDNESDAY |
| --- | --- | --- |
| | | |

| THURSDAY | FRIDAY | SATURDAY |
| --- | --- | --- |
| | | |

| SUNDAY | NOTES |
| --- | --- |
| | |

# TO MASTER YOUR MONEY MASTER YOUR CALENDER.

WEEK OF: ______________________

| MONDAY | TUESDAY | WEDNESDAY |
| --- | --- | --- |
| | | |

| THURSDAY | FRIDAY | SATURDAY |
| --- | --- | --- |
| | | |

| SUNDAY | NOTES |
| --- | --- |
| | |

WEEK OF: ____________________

| MONDAY | TUESDAY | WEDNESDAY |
| --- | --- | --- |
| | | |

| THURSDAY | FRIDAY | SATURDAY |
| --- | --- | --- |
| | | |

| SUNDAY | NOTES |
| --- | --- |
| | |

WEEK OF: ______________________

| MONDAY | TUESDAY | WEDNESDAY |
|---|---|---|
| | | |

| THURSDAY | FRIDAY | SATURDAY |
|---|---|---|
| | | |

| SUNDAY | NOTES |
|---|---|
| | |

WEEK OF: ______________________

| MONDAY | TUESDAY | WEDNESDAY |
| --- | --- | --- |
| | | |

| THURSDAY | FRIDAY | SATURDAY |
| --- | --- | --- |
| | | |

| SUNDAY | NOTES |
| --- | --- |
| | |

# LEAD YOUR MONEY WITH A PLAN, DON'T CHASE IT.

WEEK OF: ____________________

| MONDAY | TUESDAY | WEDNESDAY |
| --- | --- | --- |
| | | |

| THURSDAY | FRIDAY | SATURDAY |
| --- | --- | --- |
| | | |

| SUNDAY | NOTES |
| --- | --- |
| | |

WEEK OF: ______________________

| MONDAY | TUESDAY | WEDNESDAY |
|---|---|---|
| | | |

| THURSDAY | FRIDAY | SATURDAY |
|---|---|---|
| | | |

| SUNDAY | NOTES |
|---|---|
| | |

WEEK OF: ______________________

| MONDAY | TUESDAY | WEDNESDAY |
|---|---|---|
| | | |

| THURSDAY | FRIDAY | SATURDAY |
|---|---|---|
| | | |

| SUNDAY | NOTES |
|---|---|
| | |

WEEK OF: ______________________

| MONDAY | TUESDAY | WEDNESDAY |
| --- | --- | --- |
| | | |

| THURSDAY | FRIDAY | SATURDAY |
| --- | --- | --- |
| | | |

| SUNDAY | NOTES |
| --- | --- |
| | |

# YOU RISE TO THE LEVEL OF YOUR PLAN, NOT YOUR INCOME.

WEEK OF: ____________________

| MONDAY | TUESDAY | WEDNESDAY |
| --- | --- | --- |
| | | |

| THURSDAY | FRIDAY | SATURDAY |
| --- | --- | --- |
| | | |

| SUNDAY | NOTES |
| --- | --- |
| | |

WEEK OF: ______________________________

| MONDAY | TUESDAY | WEDNESDAY |
| --- | --- | --- |
| | | |

| THURSDAY | FRIDAY | SATURDAY |
| --- | --- | --- |
| | | |

| SUNDAY | NOTES |
| --- | --- |
| | |

WEEK OF: ______________________________

| MONDAY | TUESDAY | WEDNESDAY |
| --- | --- | --- |
| | | |

| THURSDAY | FRIDAY | SATURDAY |
| --- | --- | --- |
| | | |

| SUNDAY | NOTES |
| --- | --- |
| | |

WEEK OF: ______________________________

| MONDAY | TUESDAY | WEDNESDAY |
|---|---|---|
| | | |

| THURSDAY | FRIDAY | SATURDAY |
|---|---|---|
| | | |

| SUNDAY | NOTES |
|---|---|
| | |

# YOUR PLAN IS YOUR PROFIT BLUEPRINT.

WEEK OF: ______________________

| MONDAY | TUESDAY | WEDNESDAY |
| --- | --- | --- |
| | | |

| THURSDAY | FRIDAY | SATURDAY |
| --- | --- | --- |
| | | |

| SUNDAY | NOTES |
| --- | --- |
| | |

WEEK OF: ____________________

| MONDAY | TUESDAY | WEDNESDAY |
| --- | --- | --- |
| | | |

| THURSDAY | FRIDAY | SATURDAY |
| --- | --- | --- |
| | | |

| SUNDAY | NOTES |
| --- | --- |
| | |

WEEK OF: ______________________________

| MONDAY | TUESDAY | WEDNESDAY |
|---|---|---|
| | | |

| THURSDAY | FRIDAY | SATURDAY |
|---|---|---|
| | | |

| SUNDAY | NOTES |
|---|---|
| | |

WEEK OF: ____________________

| MONDAY | TUESDAY | WEDNESDAY |
| --- | --- | --- |
| | | |

| THURSDAY | FRIDAY | SATURDAY |
| --- | --- | --- |
| | | |

| SUNDAY | NOTES |
| --- | --- |
| | |

# ORCHESTRATE YOUR MONEY, DON'T JUST EARN IT.

WEEK OF: ______________________

| MONDAY | TUESDAY | WEDNESDAY |
|---|---|---|
| | | |

| THURSDAY | FRIDAY | SATURDAY |
|---|---|---|
| | | |

| SUNDAY | NOTES |
|---|---|
| | |

WEEK OF: ______________________

| MONDAY | TUESDAY | WEDNESDAY |
| --- | --- | --- |
| | | |

| THURSDAY | FRIDAY | SATURDAY |
| --- | --- | --- |
| | | |

| SUNDAY | NOTES |
| --- | --- |
| | |

WEEK OF: ______________________________

| MONDAY | TUESDAY | WEDNESDAY |
| --- | --- | --- |
| | | |

| THURSDAY | FRIDAY | SATURDAY |
| --- | --- | --- |
| | | |

| SUNDAY | NOTES |
| --- | --- |
| | |

WEEK OF: ______________________________

| MONDAY | TUESDAY | WEDNESDAY |
|---|---|---|
| | | |

| THURSDAY | FRIDAY | SATURDAY |
|---|---|---|
| | | |

| SUNDAY | NOTES |
|---|---|
| | |

# A FINANCIALLY INTELLIGENT PERSON KNOWS THE POWER OF A WRITTEN PLAN.

Made in the USA
Monee, IL
03 November 2026

67386767R00079